Cahier de brouillon intemporel

« Il reste toujours quelque chose de l'enfance, toujours …. »

Marguerite DURAS

A mon mari, dans mon cœur …

A mes enfants et leurs morceaux choisis, Nicolas et Marylène,
Laurène et David.

A mes petits-enfants, Julien, Romain, Yohan, Paul, Raphaël.

A mes parents et grands-parents.

A mes sœurs et frères, Hélène, Edith, Odile, Thierry, Bruno, Hervé.

Préface

Un cahier de brouillon (96 pages, petit format, grands carreaux, celui d'une histoire de vie, d'un pèle mêle de réminiscence de souvenirs d'enfance, qui m'ont fait devenir pour une part la femme que je suis devenue.

Ce n'est pas le cahier de brouillon que j'avais petite fille dans les années lointaines en 1960.

Celui que je préférais, était jaune. En couverture, on pouvait y voir la silhouette de Jess OWENS, champion olympique en 1936. Il est né noir américain et il a eu une vie risquée et très courageuse.

Sur la 4 -ème de couverture figuraient les tables de multiplication, division, soustraction et addition qui, par habitude et par le par cœur, finissaient par être mémorisées.

Au commencement, il y a eu l'Algérie

L'histoire dit que nos aïeux s'installèrent en Algérie au 19 -ème siècle (s'épargnant des fléaux agricoles, le phylloxéra, le mildiou, et désastres naturels, les crues) pour des raisons personnelles et professionnelles. Nos grands-parents maternels y naquirent.

Nos grands-parents paternels s'y établirent dans les années 20 rejoignant leurs familles établies depuis longtemps.

Nos parents y sont nés aussi ainsi qu'Hélène et moi-même. Thierry, Bruno et Edith sont nés en France pendant les vacances.

Odile et Hervé, les jumeaux sont nés bien plus tard en France.

Une guerre se déclara en 1954 pour prendre fin en 1962.

Nous quittons l'Algérie.

ORAN

Quand le vin Oranais allait, à pleins
tonneaux, rehausser les crûs métropolitains
les plus réputés...(tonneaux"Savignon" et
proue du"Sainte Maxime").

ORAN

Le chai - Mai 1953

Le chai - Mai 1953

MOSTAGANEM

**MOSTAGANEM
SIDI LOUZA
1951**

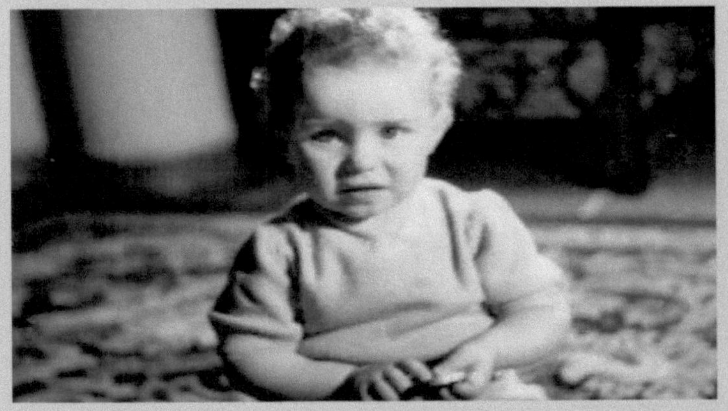

L'enfance parisienne

Après notre retour d'Algérie en 1954, nous avons vécu à Paris.

Mes parents avaient fait appel à une gouvernante Mademoiselle de son prénom de fleur, Marguerite que mon frère cadet, balbutiant ses premiers mots, avait rebaptisé Mamiselle.

Mamiselle entra dans notre vie de famille jusqu' à sa retraite prolongée et je vais garder contact avec elle jusqu' à son décès en 1992.

Nous nous promenions, les jours de beau temps, avec elle au jardin des Plantes, au zoo de Vincennes. Nous y découvrions les animaux sauvages.

Elle nous emmenait aussi au jardin d'Acclimatation, aux Tuileries pour assister à un spectacle de GUIGNOL, faire du patin à roulettes (ceux avec les quatre roues dures, une semelle métallique et des lanières en cuir), sur les allées cimentées et qui étaient synonyme de genoux écorchés.

Nous pouvions observer scrupuleusement les voiliers miniatures sans jambes, glissant, poussés par les vents des embruns du jet d'eau de la vasque du grand bassin.

Lors de ces sorties, nous faisions aussi des tours de manèges aux petits chevaux et nous essayions d'attraper un anneau avec une baguette de bois pour avoir la chance d'obtenir un bon gratuit.

Et pour l'habilité, nous faisions rouler le grand cerceau de bois. Pour notre obéissance (de rigueur), nous avions droit à un grand cornet surprise pour filles ou garçons contenant quelques bonbons roudoudou, mistral gagnant ou pas, rouleau de réglisse et cachou, un petit jouet en plastique, landau, poupon, corde à sauter, dé, casse-tête, mini arc, ou pistolet à eau, oiseau siffleur….

Les jours de pluie, nous nous occupions comme tous les enfants, à la lecture, au dessin, aux jeux de société, au modelage avec de la vraie terre glaise, enveloppée dans du papier journal et gardée sur le rebord de la fenêtre au garde-fou en fer forgé.

Nous sommes sous la bienveillance de Mamiselle qui s'occupait à raccommoder les chaussettes avec son indispensable œuf en bois, ou à marquer tout le linge d'étiquettes aux initiales nominatives.

Maman s'occupait de son dernier né, rangeait, nettoyait en gommant les traces de doigts autour des interrupteurs. Elle s'affairait sans cesse. Papa travaillait au bureau.

A la campagne

Dès 1957, Nous vivions à la campagne, avec la liberté de courir dans le jardin ou le bois derrière la maison.

Un grand portique métallique, nous permettait de faire de la balançoire, grimper à la corde lisse ou à nœud, s'exercer aux anneaux comme des gymnastes, ou faire le cochon pendu au trapèze.

Devenus un peu plus grands, Les garçons tiraient sur une cible à la carabine à plomb ou à flèches caoutchoutées.

Ils étaient tour à tour les cow-boy, Davy Crockett, Kit Carson ou Zorro dans leur cabane. Leurs sœurs, les squaws, sont leurs envahisseuses ennemies dérangeantes et intrusives. Mais elles préparaient des dinettes et des repas fictifs tellement délicieux.

Et puis, il y avait les jeudis où nous nous rendions à Paris : autres aventures. Nous prenions le train au couloir latéral et au compartiment velouté fermé, aux fenêtres ouvrantes, notifiant sur une plaque de cuivre gravée la mise en garde des dangers de se pencher au dehors, en italien et en allemand.

Arrivés en gare de Lyon, nous descendions vers le métropolitain, chacun faisant poinçonner son ticket à la guérite de passage.

Les murs voûtés étaient recouverts de carreaux de faïence blanche, noircis, sans tag avec quelques panneaux de réclame. Sur les quais, les passagers attendaient au bon endroit les wagons de première ou deuxième classe.

Ces derniers avaient des assises en bois latté, les autres rembourrées et recouvertes de faux cuir dit skaï (dès 1960).

Et dans tous ces compartiments, l'usage des gants étaient recommandés pour se tenir à la barre fixe d'appui métallique, malodorante et crasseuse.

Avec notre taille d'enfant, nous étions, la plupart du temps, serrés, assez étouffés par cette promiscuité d'inconnus.

Nous formions alors un petit cercle de protection entre nous et maman. Enfin sortis à l'air libre, nous nous dirigions vers les séances dentaires ou de soins.

Immeubles cossus, nous entrions dans la salle d'attente aux meubles Louis XV où prônait un tableau représentant une mère et son enfant. Elle regarde droit devant, inexpressive, dévoilant un sein dont elle tient le bout entre son pouce et son index : surprenant !

Puis Miss, l'assistante, vêtue comme une nurse anglaise, coiffe comprise (robe, chemise gris perle, tablier, bas, chaussures blanches) nous invitait à notre rendez-vous.

Le docteur OLIVE nous accueillait très courtoisement, baise-main pour notre jolie et jeune maman, référence obligée pour moi (apprentissage impératif des conventions protocolaires dès la maternelle vis-à-vis des grandes personnes rencontrées).

Rapidement anesthésiés, localement, les soins étaient réalisés jusqu' à la prochaine fois, nécessaires à nos dents héréditairement fragiles. Je rencontrerai ce chirurgien-dentiste en 1974 pour un dernier rendez-vous de contrôle. J'attendais notre premier bébé.

Après ces longues séances, l'heure du goûter arrivait et malgré les soins, nous faisions halte au PENNY, restaurant et salon de thé pour y savourer leurs spécialités au nom de l'enseigne : un absolument délicieux et irremplaçable gâteau garni et recouvert de meringue italienne à la noix de coco.

Nous pouvions, à la nuit tombée, rentrer à la maison, apaisés.

Cette expédition parisienne se reproduisait fort souvent, nous laissant malgré des jeudis heureusement libres pour les devoirs et les jeux.

Parfois, annoncée par un klaxon suffisamment retentissant pour nous rassembler, nous avions la visite presque festive du camion TUB[1] en tôle ondulée grise qui faisait office à la fois de boulanger, crémier, épicier, boucher, charcutier.

Entre le pain frais, l'énorme motte de beurre, les grands seaux de crème fraîche et de fromage blanc, les boites en carton cirées aux six petits suisses à dérouler de leur papier de protection, imbibés de petit lait, les pots de verre yaourt nature Danone, des Fontainebleaux, les chocolats, sucettes, maïzena, saucisson ou jambon à l'os, nous ne savions où regarder. C'était si alléchant. Nous rapportions chacun à la cuisine les nombreux trésors culinaires en quantité suffisante jusqu'au prochain passage.

---

[1] Tub : Traction Utilitaire de type B

Montigny sous la neige

MONTIGNY
JEUX
D'ENFANTS

Le Dimanche /Jour du Seigneur et de messe.

Levés tôt, nous devions rester à jeun, trois heures avant la communion. Nous nous apprêtions de nos habits réservés à ce jour, tête couverte obligatoire pour tout le genre féminin aussi petit soit-il, costume cravate, nœud papillon pour le masculin.

C'était une petite église romane surplombant les berges du LOING , simple et sobre Nous nous installions sur une rangée de bancs, fermée, à l'origine réservée par des paroissiens dont le nom de famille était gravé sur une plaque de cuivre.

Une dame en chapeau accordait au mieux l'harmonium à la forte sonorité et aux trémolos mordants.

Les enfants de chœur vêtus de robes noires ou rouges, selon les circonstances, recouvertes d'une chasuble blanche ornée de dentelles, balançaient l'encensoir délicatement.

Le prêtre était dos à l'assemblée et les micros n'existaient pas à cette époque, aussi nous avions tous nos précieux missels car la messe était dite et chantée exclusivement en latin.

Après la lecture de l'évangile, nous écoutions parfois interrogativement le sermon déclamé ou harangué depuis la chaire qui surplombait l'ensemble des fidèles.

L'atmosphère qui régnait dans ce lieu était accaparante amenant au recueillement et aux émotions sans nom.

La cloche sonnait, les paroissiens comme libérés sortaient sur le parvis aux tilleuls parfumés. Certains se saluaient poliment, d'autres se regroupaient pour des dires malfaisants ou des potins erronés. D'autres encore aux regards furieux s'évitaient avec arrogance.

Parfois, nous faisions une halte chez le seul pâtissier du village et nous pouvions choisir nos petits gâteaux préférés. Nous rentrions à la maison, heureux et purifiés. Nos cousins et amis de nos parents arrivaient bientôt.

Il y avait des joies, des rires et des fous rires, des écorchures et des pleurs, des devoirs et des jeux, des « bagarres » et des embrassades.

A l'intérieur ou sous le grand cèdre du Liban ébranché, la famille était réunie enfants et parents ensemble.

C'était le jour d'apprentissages involontaires par répétition ou admiration de l'art de dresser une table à la nappe immaculée, méticuleusement repassée ; aux verres étincelants et aux couverts rutilants en ordre bien précis correspondant aux futurs mets sans omettre la touche finale, au centre de la table, d'un bouquet d'hortensias ou de fleurs champêtres légères et vaporeuses.

C'était le jour de déguster et savourer les plats du dimanche. Au printemps ou en été, des poulets rôtis, dorés à la peau croustillante et chairs tendres, accompagnés de tomates confites et fondantes, parfumées aux herbes de Provence ou un énorme couscous peu connu l'époque aux épices voyageuses et semoules aériennes.

Un long poisson rose saumon ou colin blanc entier, froid et sa crème moutardée, une pièce de bœuf juteuse et haricots verts persillés, bien effilés.

A l'automne ou l'hiver, c'était un gratin dauphinois crémeux, un pot feu fumant, une généreuse poule à la crème au riz et aux champignons aux goûts boisés et veloutés.

Chaque dimanche était un partage des cinq sens chargés d'émotions échangées réveillant les souvenirs de nos parents, oncles, tantes et amis.

Le lundi soir, les restes subtilement accommodés prolongeaient ces chaleureux moments culinaires dominicaux joyeux et animés.

C'était encore le jour d'autres découvertes : Papa était là, ni au travail, ni en voyages d'affaires, ni à la chasse.

Passionné et féru de mécanique, il venait d'acquérir une nouvelle voiture de sport décapotable vert sapin qui sentait le cuir.

Capot ouvert, le moteur chromé laissait apparaître les méandres des tuyauteries. Grâce aux moults explications données, mes frères et moi apprenions la différence entre une traction avant et arrière, impliquant une conduite correspondante, ce qu'est une puissance en chevaux, une bielle, une carburation, un rayon de braquage, une durite de radiateur, un joint de culasse et autres mots nombreux spécifiques de ce sujet.

Bien plus tardivement, quand nous fûmes en âge de conduire, il nous apprenait à reconnaître l'origine du moindre bruit suspect, évitant ainsi des tracasseries inutiles.

En toute saison, quand le ciel faisait grise mine et ouvrait ses rideaux de pluie, les jeux de société nous conviaient à élucider des énigmes meurtrières, à devenir propriétaire honnêtement sans passer par la case prison, à gagner une course ou une bataille, à marcher au pas de l'oie, à prendre le dernier pion ou à exclamer échec et mat !

Les livres de la bibliothèque nous racontaient des histoires et nous faisaient part de tous leurs savoirs infinis et si passionnants. C'étaient aussi des dimanches bénis où chacun et chacune avait mis de côté les obligations, qui de son travail, qui de l'intendance familiale, qui des leçons et devoirs, qui des révisions ; qui du raccommodage et ainsi libérés nous étions comme récompensés par ces jours printaniers très rares de temps bleus lumineux à l'air tout doux et caressant suscitant d'irrésistibles envies de tournoyer et fredonner.

Sur le tourne disque et sous le bras à la pointe saphir ou diamant, les microsillons tournaient restituant des sons légèrement grésillant des airs américains d'après-guerre incontournables et irremplaçables qu'affectionnaient nos parents.

Ils dansaient le boogie woogie, leçon de rythme en élégance et d'harmonie raffinée sur Glenn MILLER, Artie SHAW, Benny GOODMAN.

L'ambiance devenait jazzy et swing avec Count BASIE, Ella FITZGERALD, Ray CHARLES, Art BLAKEY et Duke ELLINGTON.

Les claquettes prenaient le relais en compagnie de Fred ASTAIRE, Rita HAYWORTH, Ginger ROGERS Cole PORTER et puis en ces temps moderne de Yéyé, Jerk, Twist et Madison, nous écoutions Sergent PEPPER des BEATLES, Chubby CHECKER, Chris ANDERSON.

Les Rock'n Roll d'Elvis PRESLEY, Luis PRIMA, Bill HALEY, Bobby DARIN.

Le voyage musical se prolongeait plus au Sud encore, jusqu'au rythme des Rumbas, du Cha-cha, des Mambos, et Bambas , Sambas et Bossa nova aux voix des MACHUCAMBOS, de Stan GETZ et João GILBERTO.

Pour calmer toutes ces exaltations, les « crooners » étaient là : Dean MARTIN, Franck SINATRA, Harry BELAFONTE, Nat King COLE venaient en douceur nous charmer.

Cette discographie innombrable ne gênait personne. Nos seuls voisins étaient les merles invités à cette parade musicale joyeuse et entraînante qui emplissait de gaieté toute la maisonnée.

Sur ces sonorités enjouées, un tableau authentique apparaissait et venait parfaire l'harmonie familiale. Les fenêtres du salon étaient grandes ouvertes sur le volant froncé de la glycine fleurie bourdonnante : C'était une parcelle de pelouse aux milles pâquerettes, c'était une tonnelle de roses anciennes pastelles c'étaient les iris aux couleurs du ciel, à l'abri des peupliers aux feuilles tremblantes argentées, c'était une rangée de framboisiers , perles aux facettes carmines rebondies savourées sur place ou en accompagnement de mousseux et aériens « Fontainebleau » fraichement présentés dans leurs gazes étamine de coton blanc.

C'était une rangée de pommiers aux fruits croquants juteux, acidulés destinés aux compotes fondantes, aux tartes fines, et qui nous incitaient à fredonner nos chansons enfantines « pommes de reinettes et pommes d'api… ».

Au centre, quelques cognassiers s'étaient aventurés sur un grand champ sauvage.

Leur production veloutée était déjà programmée en vue de gelées mordorées, de pâtes de fruits, batônnets aux petits cubes ambrés, givrés de sucre, précieusement conservés dans des boites de fer blanc pour l'Avent ou les gourmandises et desserts de Noël.

Accolé au grand champ sauvage, c'était le « Bois Boris » aux acacias, offrant début juin, leurs grappes de fleurs blanches pour de savoureux et délicats beignets sucrés.

Un peu plus loin, à côté de la pergola vitrée, un vieux terrain de tennis cimenté et cabossé était notre aire de jeux pour les voitures à pédales, la trottinette rouge au frein à pied, les courses en sac, aux goûters d'anniversaire, les matchs de ballon, aux pistes balisées pour les billes et calots des garçons, les cordes à sauter, les chats et les souris que nous étions parfois égratignés

Tout au-delà de l'horizon brun vert, pointaient, en touches éparses, les cheminées briquées des toits tuilés, cramoisis du village en contrebas.

L'hiver venu, le temps devenait laiteux et cotonneux. Tout était blanc, poudré, les sons sourds et feutrés, l'air fraichement vivifiant, les sols gelés glacés et scintillants, La neige tissait son cocon tout autour de la maison.

Il était alors temps de décorer le grand sapin de l'étoile nacrée, de boules en verres multicolores cassantes, de guirlandes dorées, de bonshommes en pomme de pin, figurines de carton et de papier mâché, de petits chevaux de bois et cheveux d'ange.

Il était temps d'écouter les « Petit papa Noël » ou les Jingle Bells en lisant des contes aux plus petits de la fratrie.

Le soir venant, la parenthèse hebdomadaire se fermait doucement. Le lendemain était jour de classe.

A l'institution Jeanne d'Arc

Ce cahier de brouillon était rempli de calculs plus ou moins faux, de dictées avec ou sans fautes, de récitations, de grammaire, de conjugaison, de cartes géographiques, de leçons de choses, de dessins, de lignes alphabétiques pour apprendre les pleins et les déliés transcrites plus tard au propre avec le porte-plume.

Le porte-plume avait une plume d'acier trempé dans l'encre du bureau à pupitre.

L'encrier contenait l'encre violette, elle corrodait moins les pointes qui crissaient, dérapaient et finissaient par provoquer de grosses tâches sur le cahier et sur les doigts (l'encre s'effaçait avec du lait tiède).

Sur le papier, c'était irrémédiable. Seul un buvard pouvait atténuer les taches et empêcher la réplique sur les pages précédentes ou suivantes. Le papier était beaucoup plus rustique que celui sur lequel j'écris aujourd'hui ; le grain moins fin, la couleur plus beige et il conservait l'odeur des crayons, de la gomme, de la colle blanche, il y avait également d'autres cahiers destinés à être notés. C'était l'odeur ambrée et boisée du cartable tout entier.

Le cartable déposé au pied du pupitre, les changements de salle de classe étaient peu fréquents.

Aussi, nous pouvions au signal de la cloche nous diriger en ligne deux par deux et en silence vers le réfectoire réservé aux pensionnaires, demi-pensionnaires et professeurs.

Tour d'horizon de l'école

Le réfectoire : c'était une grande salle verdâtre à l'éclairage blafard d'où émanaient des odeurs étranges mêlées de serpillières mal essorées, de cire humide et de cuisine indéfinissables.

Un vendredi certainement, jour de poisson, je me suis retrouvée à côté de Melle PACOT, professeur de grec aux cheveux mauves permanentés. L'entrée servie était composée d'une sardine, d'un œuf trop dur et de betterave. Mademoiselle PACOT écrasa le tout avec sa fourchette et apprécia sa préparation.

N'aimant nullement les betteraves, ce geste finit par bannir de mon palais, à ce jour encore, la texture et le goût de ce légume.

De grandes tables étaient disposées en U et d'autres plus petites au centre attendaient les élèves sous la surveillance des professeurs placés à chaque extrémité.

Les assiettes et verres DURALEX chiffrés y étaient déposés ainsi qu'une carafe d'eau en plastique usagé, conservée plus ou moins pleine dans un grand buffet réservé à cet effet.

Nous apportions nos propres couverts et serviettes dans une enveloppe serviette en coton, à nos noms respectifs. Nous avions à disposition un pot en fer blanc conique contenant une certaine eau trouble pour le lavage collectif de nos couverts !

Parfois, par mesure d'économie ou d'absence de la dame de service, nous allions chercher deux bassines bleues en plastiques et nous étions chargées à tour de rôle de la vaisselle.

Tâche particulière qui se résumait à laver les verres dans ces deux bassines dans une eau peu savonneuse et devenue vineuse par les fonds de verre des professeurs. Nous tentions alors de laver et de rincer 7 à 8 douzaines de verres.

A la cuisine, il y avait deux grands bacs de pierres cimentées gris bien plus profonds que nos bras mais les assiettes ressortaient propres et peu graisseuses malgré tout.

Certains professeurs, déjeunant dans une petite pièce attenante, nous récompensaient d'un petit beurre, d'une galette ou d'une madeleine même si celle-ci ne ressemblait en aucune manière à celle décrite par Marcel PROUST.

Petit aparté sur le petit beurre : 4 coins = 4 saisons, 48 dents + 4 coins = 52 semaines, 24 points = 24 heures dans la journée. Lu, un biscuit qui pouvait se déguster toute l'année.

Nous apprécions ces petites gourmandises avant de nous de diriger impatientes vers la récréation.

La cour de la récréation : ce lieu de jeux enfantins exposé au sud.

Pour nous amuser, nous disposions d'un grand espace de terre sablonneuse partiellement entouré d'un parc interdit aux élèves, « *et plus particulièrement à deux !* », réflexions des Mademoiselles qui nous éduquaient.

Juxtaposée à l'Est de l'institution, une aire cimentée servait à l'appel ou à la corde à sauter en double, seules ou à plusieurs.

A côté, il y avait un terrain de volley utilisé aussi pour jouer à la balle au prisonnier ou à l'installation très provisoire d'un camion rempli de cages nous faisant découvrir des tatous, divers serpents, chinchillas, araignées monstrueuses, caméléons et autres quadrupèdes dont nous ne soupçonnions pas l'existence.

En lisière du parc était posé un petit banc de granit grisé sur lequel nous pouvions lire ou lancer des osselets déjà métalliques : jeux d'adresse, de rapidité et de concentration.

Puis s'imposait l'immense marronnier d'Inde aux couleurs changeantes, garni à l'automne de ses bogues d'un vert vif coriaces et épineuses. Ses feuilles, sujet de leçon de choses et dessin, attiraient une multitude d'hannetons virevoltant même en plein jour.

Nous jouions sur le reste du terrain à élaborer en surface plane des escargots à cases, des maisons, des marelles pour atteindre le ciel en rapprochant la terre entre nos pieds. Dans l'intervalle de deux fenêtres, nous pouvions jongler avec deux ou trois balles de mousse colorées aux dessins pentagonaux.

Ces temps d'amusement passaient très vite et nous prenions nos précautions aux toilettes par "*Tu me surveilles la porte !* » car il était déjà temps de reprendre l'apprentissage avec nos livres recouverts de papier bleuet, aux étiquettes gommées au liseré bleu qui différenciaient les matières.

De toutes les leçons à apprendre par cœur et certains exercices très difficiles à exécuter, il en résulte de bons souvenirs malgré les oublis et la vie d'adulte prenante et accaparante.

L'enseignement dispensé était et est encore universel et intemporel : français, littérature, anglais, latin, espagnol histoire-géo, leçons de choses (sciences naturelles), calcul (mathématiques), philosophie, physique, chimie, les arts (dessin, peinture, sculpture, architecture), sport en bloomer à peine dissimulé par une jupette à bouton, liturgie et leçons de morale.

Pour la petite histoire, le bloomer était une culotte bouffante resserrée en haut des cuisses. Le bloomer a été inventé, à partir des années 1850, par la féministe Amélia Bloomer pour permettre aux femmes de faire de la bicyclette.

Ce fut pour moi, un enseignement assez complet en somme devenu enrichissant au fil du temps.

JEANNE
D'ARC

Le Parc

L'entrée actuelle

L'école est finie

16h30, l'heure des retours à la maison. L'école était à 10 kilomètres de la maison, maman venait donc nous chercher en voiture, mes sœurs et moi. Puis nous allions retrouver nos deux frères, étudiant dans une autre institution réservée aux garçons.

Pendant le trajet, nous parcourions la forêt grande, belle, rocheuse ou sablonneuse, envahie de fougères, de bruyères et de genêts.

Après les déjeuners frugaux, nous étions ravis de déguster des tartines de pain moelleuses, beurrées avec des morceaux de sucres ou d'une barre entière ou rappée de chocolat noir Meunier enrobée de papier vert-pomme. Ces tartines étaient accompagnées d'un bon et grand verre d'eau ou lait frais.

Le matin suivant, comme tous les autres qui suivront (sauf le jeudi), je serai présente, debout derrière le pupitre, vêtue d'un tablier à poches greige, encolure carrée, boutonnage sur le côté et gansé de blanc.

Mon cartable, à portée de main, était le gardien de mes histoires enfantines dans lequel se trouvait mon précieux cahier de brouillon raturé et gribouillé.

Momentanément rangé des leçons et devoirs, mon cahier était en pause le jeudi.

Empreintes d'Enfance en Provence

« Gallinette attention, il ne faut pas faire confiance aux bossus, ils sont toujours plus malins que nous (…) Et qu'est qu'il veut planter ?

Des légumes, de la vigne, du blé, et surtout il dit qu'il va cultiver des lotantiques ! Des lotantiques partout ! Qu'est que c'est ?

-Ça doit être une plante qui pousse dans les livres, je vois ça d'ici »[2]

Sur la route qui nous menait dans le sud, j'ouvrais la fenêtre à manivelle humant l'air du maquis et après un très et trop long parcours sinueux, escarpé, deux colonnettes délimitaient le grand domaine varois à l'écart du village à l'abri des regards, au milieu d'un environnement boisé et le chemin tant attendu.

Tout en bas, sur la gauche, se découvrait une première maisonnette servant de logement pour Marius et Marinette (avé l'accent chantant), son épouse ainsi que le garage pour la grosse Citroën noire de Grand-père.

---

[2] L'eau des collines Tome 1 Jean de Florette Marcel Pagnol

Quelques mètres plus loin, coulait une toute petite source retenue par un muret et dont l'eau lustrait une grosse pierre servant d'appui parfois pour limer et araser des noyaux d'abricots les transformant non sans peine en sifflets.

Sur la droite, juste en face, se laissait apercevoir le dos de la petite chapelle ceint de lauriers et dans laquelle furent célébrés les mariages de nos parents et notre tante Balette.

De nouveau, sur la gauche, quelques mètres plus loin encore était bâtie une haute grange ouverte sur le matériel agricole : charrettes, tracteurs ; alambics cuivrés pour l'eau ou l'essence de lavande.

Il en surgissait, tenu par sa longue laisse suspendu en hauteur, le chien jaune et blanc montant la garde consciencieusement en aboiements intempestifs.

Enfin, nous laissant à notre apaisement du voyage, s'imposait la demeure d'origine romaine, belle et majestueuse aux murs jaunes d'ocre pâle et volets persiennes vert d'amande. Nous la longions à l'ombre des vieux et imposants peupliers. Devant la façade, la fontaine de pierre lisse murmurait fraîchement.

Des hautes jarres ventrues émergeaient les lauriers roses fleuris. Les cigales cymbalaient appelant patiemment leurs conjointes. La terre chaude et sèche nous offrait ses effluves crayeux.

La lourde porte s'ouvrait, nos grands-parents nous accueillaient bras ouverts en souriant.

Le lendemain, après une nuit réparatrice, je pouvais profiter de ces lieux enchanteurs qui m'avait accueillie nouvelle née et partais en reconnaissance.

De l'autre côté de la maison, une allée cimentée étroite permettait d'accéder à nombre de caves, remises, garde-manger, construits sous une butte sur laquelle protégée par des grillages, étaient installés l'abri du gros verrat, visible seulement sur la pointe des pieds, le poulailler, volières aux pigeons, aux canards, et ou faisans et au-delà l'enclos pour une multitude de lapins et des clapiers.

De retour sur l'esplanade, derrière la fontaine, caché en partie des haies touffues, apparaissait un court de tennis rouge brique et ligne blanche floutées, son vestiaire, longère aux fenêtres arrondies dont une partie était destinée à quelques bancs pour un théâtre de guignol.

En contrebas miroitait la piscine, son plongeoir, son vestiaire, « temple romain », pour les commodités et cabines rideautées à l'abri de cyprès élancés aux petites pommes rondes à la sève collante si odorante.

Se succédait encore un champ, un potager ou rangées de lavande où se situait une autre petite longère aux verrières arrondies réservées aux outils de jardinage.

Puis brisant l'horizon se dressait un coteau mi boisé mi pierreux aux herbes sauvages d'où émergeait un pigeonnier cylindrique au toit tuilé, plat et pentu.

Cette parcelle dissimulait une grotte : la grotte Madeleine protégée par un mur d'eau fraiche scintillante, terminant sa course dans un ruisselet aux abords moussus.

Le travelling continuait car devant la terrasse s'étendait encore un bassin entouré de rosiers blancs et roses, de pieds de lavande tout arrondis, une petite allée bordée de lauriers menait à une stèle surmontée d'une sculpture de Marie et son enfant nommée « Madame de la Baume ».

Enfin sur la droite, une immense prairie bordée de pins, chênes vert, oliviers et autres végétations.

Le vallonnement des collines aux couleurs changeantes terminait ce panoramique si particulier et exceptionnel.

Nous étions à la Baume chez nos grands-parents ; chez Mamée, chez Grand-père : lieu de rassemblement familial, de partage, de découvertes, où les jours paraissaient toujours trop courts.

Là-bas,

Les jeux de mes cousins aînés se résumant à des chamailleries continuelles, mes préférences se dirigeaient vers les promenades avec Mamée ou en accompagnement de Grand-père pour les courses d'intendance.

Les repas conviviaux étaient préparés avec soin par Anna et sa fille Andrée. Elles élaboraient les menus avec l'accord de Grand-père, magistral organisateur de cet « hôtel » familial.

Là-bas,

Par une belle journée de petite enfance j'eus seule le privilège de venir au marché avec Grand-père.

Marius nous attendait dans son costume marine couvert de sa casquette rigide plate à visière. Nous « descendions » vers AUPS (ZAU- prononcer Za-au, en provençal) jusqu' au seul garage du village aux pompes à bras pour l'essence ou les mélanges, aux tubes colorés.

Le propriétaire de ces lieux eut l'audace de me confondre avec un « pitchoun » (petit garçon)

Il est pardonné. Il faut dire qu'avec mes cheveux courts, bouclés, vêtue d'une salopette, il avait pu se méprendre.

Le plein fait, nous étions allés acheter des sorbets aux abricots et des glaces fondantes à la pistache authentiquement artisanaux aux saveurs naturelles, aux couleurs douces et délicates. Ces desserts accompagnés de croquants aux amandes, furent un délice exquis pour toutes les papilles.

A quand le prochain marché ?

Là-bas,

Je me retrouvais souvent « fourrée « dans les pattes d'Anna ou d'Andrée qui « avaient d'autres choses à faire … »

Néanmoins, bougonnantes, mais en me souriant, elles me toléraient, m'offrant ainsi une encyclopédie culinaire vivante.

Au fil de ma présence dans la cuisine, la capture d'un lapin, poulet ou canard, les gestes ancestraux, incisifs, brefs et précis pour le trépas puis le déshabillage ou le plumage, l'éviscération à laquelle je pouvais participer.

Aussi abats, gésiers granuleux n'eurent plus de secrets…

J'apprenais aussi le rôtissage, puis la préparation des tians dont la vapeur de cuisson laissait planer la bruine des condiments, de l'assaisonnement, des herbes de Provence, le pèbre d'ail[3], farigoulette[4], des légumes aux couleurs d'arc en ciel. C'était le temps du mijotage.

Nous avions alors le loisir d'aller chercher précautionneusement dans les cages grillagées à la paille chiffonnée, aux plumettes duvetées, des œufs justes pondus, encore tièdes, doux, lisses et les déposer délicatement dans le panier en osier qui leur était réservé.

Quels mets allaient elle préparer ?

Là-bas,

Les journées ensoleillées se succédaient, laissant libre cours aux promenades, lectures ou joies de la piscine à l'eau turquoise. Nous devions expressément faire attention aux taons et aux petits scorpions noirs luisant, queues redressées de mises en garde, sortant subrepticement des joints des dalles de pierre blanches des margelles de la piscine ou camouflés dans les

---

[3] Le pèbre d'ail : sarriette qui signifie en provençal poivre d'âne

[4] Farigoullette : plante aromatique proche du thym, elle parfume les plats provençaux.

serviettes, les vêtements, espadrilles restées en cabine.

Les récréations aquatiques revigorantes malgré ces petites bêtes envahisseuses, prenaient fin à 11h30 par le son indispensable de la cloche que nous pouvions entendre. Il était temps de mettre fin à nos jeux et éclaboussures, de se vêtir convenablement pour être prêt et au deuxième gong de 11h45 et se tenir derrière nos chaises de la salle à manger ou celles sous les platanes de la terrasse et attendre nos grands-parents. Le déjeuner devait être servi à 12h00 sonnantes.

Après le bénédicité, nous ne pouvions qu'apprécier de partager les anecdotes de la matinée en dégustant les familiaux et généreux plats minutieusement cuisinés, aux parfums de Provence et souvent sublimés par une succulente salade fraîche de pommes de terre au goût noisetté, persillé, à l'arôme subtil de vinaigre de Xérès.

A quoi allions nous jouer demain ?

Là-bas,

Je continuais à fureter vers d'autres découvertes…

Quittant la cuisine, je traversais la salle à manger d'office, réservée aux petits déjeuners et autres repas informels qui la jouxtait

La porte du fond, s'ouvrait sur une salle où un escalier en bois épais et sombre menait à l'étage.

Une table et une haute armoire lingère faisaient face. Puis dans un recoin, un garde-manger haut sans grande profondeur et grillagé mettait à l'abri les victuailles des insectes volants, bruyants, noirs mordorés ou rayés ou de la faim ou gourmandise des petits rongeurs.

J'étais parvenue à la dernière pièce : la buanderie - lingerie aux murs de chaux blanche.

J'y observais un cuvier profond de pierres grises et lisses équipé d'une planche à laver striée, battoir, brosse à chiendent, cube de savon de Marseille. De vraies cordes suspendues n'attendaient que le linge propre. Des fers lourds chauffaient en couronne sur leur poêle à bois.

Sur les tables très longues, les draps blancs et linges de toute la maisonnée étaient étalés, caressés, vaporisés, amidonnés, repassés et pliés tandis que des jeannettes accueillaient les manches froncées et bouffantes des chemisiers.

Je scrutais les moindres gestes des lavandières ou lingères faisant gonfler les immenses pièces de tissus brodés ou non de monogrammes entrelacés ou bordés de dentelles comme des voiles de bateau, et leur adresse à effacer tous faux plis.

M'imprégnant des buées odorantes de fraîcheur du linge, je restais auprès d'elles, fascinée par leur ballet de travail quotidien ardu. Seule la cloche de 11h30 ou 18h30 me rappelait au temps présent.

Où étais je donc passée ?

Là-bas,

Quelques années plus tard en ce mois d'été 1959, nous nous retrouvions de nouveau tous réunis pour la fête du village, célébrée le premier dimanche d'août, dont nos grands-parents avaient été élus parrain et marraine.

Nous en étions heureux et fiers. Cette journée était prometteuse de bonheur…

Le jour de ciel bleu, de liesse et de future exubérance s'était levé, ensoleillé. J'avais été réveillée par l'odeur de la farine dorée du pain grillé au feu de bois du poêle. Au bout du couloir, la porte de salle de bain des grands -parents était largement ouverte et je surpris Grand-père étonné mais souriant en caleçon long et tricot de peau, aiguisant son coupe-coupe sur une large lanière de cuir patiné.

Je l'observais un moment parfaire son rasage de près, délicat et dont l'odeur de la mousse à raser étalée au blaireau embaumait la pièce.

Je ne manquais pas d'aller dire aussi bonjour à Mamée. Ses cheveux longs, lisses et soyeux encadraient son visage souriant. Elle était confortablement installée dans son lit. Son châle sur les épaules, prenant son petit déjeuner en lisant les psaumes et prières du matin, en me bénissant d'un signe de croix frontal, elle m'embrassait tendrement.

Notre moment fut abrégé car il fallait se préparer pour les événements festifs de cette belle journée. Au moins 24 ou 25 personnes ; enfants, adolescents adultes devaient revêtir les vêtements authentiquement provençaux

Les hommes portaient pantalons et chemises blancs, ceinturés par une taillole, large bande de tissu rouge, gilet noir sans manche, à pans en pointe et des espadrilles de coton noir.

Pour les tenues féminines, nous endossions la chemise ou la blouse, le jupon blanc ourlé de dentelles puis le couthiloun, une jupe ample simple ou matelassée, unie, rayée, à motifs, à fleurs, de couleurs vives ou chaudes, froncée à la taille. Puis le tablier, puis le fichu, puis la coiffe ou le bonnet à volants, puis les bas blancs et enfin les ballerines de coton noirs à brides ou à lacets sans omettre des brassées de lavande dans le petit panier d'osier.

Après une multitude de va et vient, de montées et descentes en tous sens pour une barrette ou épingle à cheveux ou à nourrice, un bouton, fil, ciseaux, aiguilles, rubans, chaussettes, mouchoirs, ou autres accessoires manquants, la famille était prête.

Nos grands-parents menaient le cortège familial et nous passions comme tous les participants sous des voûtes d'arceaux fleuris pour la « danse des jardinières ».

Sur la place du village, la fontaine de marbre veinée était le point central. Les ormeaux tricentenaires ombraient la terrasse du café restaurant « la Farigoulette » où les papets assis, menton posé sur leur mains croisées, sur le pommeau de leur canne entre les jambes, palabraient gaiement en galéjades, ou des aïeules sur leur petassoun de leurs chaises paillées observaient leurs souvenirs de jeunesse en surveillant par coups d'œil furtifs leurs ouvrages en cours.

Un grand mas tête fleurie aux rubans colorés, pendants s'élevait dans l'attente de la danse des Cordelles.

Des danseuses le tressaient, le détressaient en virevoltant, tournoyant en pas aériens au son des galoubets-tambourins et cymbalettes.

Des farandoles chantantes, ondulantes, serpentantes entraînaient joyeusement petits et grands, main dans la main pour un voyage tourbillonnant.

Mes grands-parents, tantes et oncles et mes parents retrouvaient leurs connaissances et amis. Il y avait Jeannot avec lequel papa évoquait les souvenirs de chasse dans les maquis, ou de la virée de leurs 20 ans. Il y avait Suzon, son épouse parlant avec ma tante des sons de cloche du village. Suzon m'ayant connu bébé venait toujours m'embrasser affectueusement et j'écoutais à mon tour les histoires provençales aux accents ensoleillés, légers et chantants.

Cette journée et ses réjouissances m'avaient intégrée momentanément dans une communauté qui m'était déjà chère.

J'étais devenue quelques heures durant Tourtouraine. Le temps de ces vacances avait rassemblé toute la famille chez mes grands-parents, chez Grand- père et Mamée à la Baume, à Tourtour, le village dans le ciel ainsi nommé, var 83.

Après ce bel été à la Baume, Maman nous annonçait que nous allions y revenir pour fêter Noel et le 50 -ème anniversaire de mariage de nos grands-parents où seraient présents tous leurs enfants et petits-enfants.

Il y aurait donc :

Tonton « Pierre La barbe » que j'avais surnommé ainsi toute petite enfant.

Simone son épouse, leurs enfants : Colette, Paul et sa guitare.

Puis Denise « Tata Zizine » et tonton Jacques, leurs fils : Didier, Luc et Rémi.

Madeleine « Tata balette » et un autre tonton Pierre avec Régis, Marc, Bénédicte et Anne Marie, leurs enfants.

Papa, Maman et nous cinq : Thierry, Hélène, Bruno, Edith et moi.

Seraient présents également : Mamiselle, notre grand-mère nounou de cœur, le père GIRAUDET (aumônier de la famille depuis plus de 30 ans à cette époque), Anna, Andrée, son époux Henri et leur fils Jean Pierre.

Aussi dès la rentrée de septembre, dans la perspective de ces festivités, il fallait absolument rendre hommage à nos grands parents et faire participer toute la fratrie ainsi que nos cousines et cousins (qui avaient passé toute l'année présente chez nous durant les évènements violents et sanglants de la guerre d'Algérie, en 1962.)

Inspirée peut-être par les pièces de théâtre étudiées et jouées en classe, j'entreprenais de monter un spectacle et m'investissait totalement dans ce projet.

Ecrire des histoires ou choisir celles qui paraissaient être les plus appropriées, reproduire succinctement la toile de fond du décor qui serait le salon de la Baume.

Elaborer la mise en scène, distribuer les rôles aux actrices dont le nom de la troupe serait « les Bengalis ».

Imaginer les costumes des scénettes et les coudre avec l'aide de Mamiselle pour finaliser, préparer des programmes pour les aînés.

Tout l'automne à la maison, nous répétions de bon ou mauvais gré mais la perspective de joie de Mamée et Grand-père était primordiale. Tout était finalisé pour le grand soir, il n'y avait pas eu de contre temps.

Nous connaissions nos rôles, les costumes étaient prêts. Et les programmes réalisés.

Là-bas,

Dans le grand salon, les spectateurs attendaient patiemment les trois coups jusqu'au moment où ce grand dadais de Didier, de six ans mon aîné, se servait en premier d'un programme.

Ce geste inconvenable et inconcevable à mes yeux anéantissait tout mon espoir d'un anniversaire réussi.

Sur le coup de l'émotion, la gifle claqua le laissant interloqué ainsi que l'assemblée.

J'étais en larmes. Les explications, pardons et réconciliations ont mis fin à cette contrariante interruption.

Les rideaux pouvaient enfin s'ouvrir !

Le lendemain, nous fêtions encore tous ensemble Noël dans un décor que la neige avait immaculé.

C'était l'ultime unité familiale.

A quand les prochains partages familiaux ?

Il fallait déjà préparer les bagages. Un autre tintement s'était fait entendre : celui du travail et de l'école institutionnelle.

Nous « remontions » donc vers la maison au milieu des bois et reprenions nos rythmes….

Là-bas,

Nous y retournions hélas pour d'autres événements trop sombres. Nos tantes nous recevaient.

Au village, Suzon et Jeannot nous accueillaient chez eux pour partager un repas de souvenirs nous servant des cailles sauvages, expressément chassées, rôties en tourne broche dans la cheminée enfumée dont le jus s'égouttait sur des tranches du bon pain du boulanger.

A la maison de la Baume, Mamée s'asseyait devant le noir et grand piano à queue malgré ses doigts âgés déformés d'arthrite, jouait en fredonnant pleine d'amour, ce n'est qu'un au revoir…

Le time laps de la vie défile

Ma tante Denise ayant pris le relais de grand-père pour gérer la maison et prendre soin de Mamée nous accueillait, votre papa et toi Nicolas bébé souriant de 8 mois pour quelques jours en ce bel été.

Cependant, en l'absence de Grand-père, l'ambiance avait changé. La maisonnette de Marius et Marinette était close.

La grange également. Le chien jaune ne montait plus la garde et toutes les basses cours, volières, soues et clapiers étaient vides. Seul l'environnement gardait son indéniable charme.

A l'intérieur de la maison, de nombreuses portes étaient fermées et la sensation d'être chez soi s'était estompée. Nous étions devenus des invités, chaleureusement reçus certes et en retrouvant mes cousins et occupée à pouponner, nous profitions des moments de joies et rires ensoleillés malgré tout.

Mamée me prodigua ses précieux conseils « ma chérie, du calme et de la sérénité » et se remit au piano une dernière fois.

Et le temps passa encore

Quelques années plus tard, un grand incendie ravagea des hectares de bois, de terres cultivables encerclant le village de TOURTOUR et détruisit de nombreuses maisons.

Il épargna de justesse la maison mais pas les alentours, laissant apparaître les pierres blanches et brutes, les pics noirs des troncs calcinés ou les arbres écorchés aux branches défeuillées.

L'année suivante, nous revenions en famille agrandie d'une jolie petite fille blonde de cinq ans, en compagnie de papa et mon plus jeune frère Hervé.

Nous y séjournions quelques jours délassants, nous remémorant déjà des souvenirs de chacun, ceux de ma tante et papa qui avaient passé en ce lieu tant et tant de vie de leur jeunesse.

Ce fut l'ultime fois où nous y allions.

Le domaine depuis le décès de mes grands-parents appartenait à mes tantes qui l'occupaient à leurs tours de saison. Cette situation hélas engendra des envies, jalousies et conflits familiaux. La Baume fut vendue un ou deux ans plus tard.

Dès lors, seuls les adieux familiaux paternels, nous conduisaient vers le village haut perché et depuis la route d'AUPS, la maison se laissait apercevoir entourée de tous ses atours retrouvés conservant en ses murs, les empreintes authentiques des jours heureux aux parfums de Provence.

La baume vue du ciel

L' entrée

LA
BAUME

La chapelle

La baume en couleur

La Baume

La piscine

Tourtour les deux ormeaux

Les grands parents paternels

LA BAUME

Les cousins

Tourtour la fontaine

en habits de fête

La fête au village

La fête au village

Empreintes d'enfance à la montagne

Sans autoroute à cette époque, la nationale 7, route des vacances, route des milles bornes nous menait aussi ailleurs, nous conduisait vers l'air pur, frais et revigorant de la montagne.

Le trajet paraissait toujours trop long pour notre impatience d'enfance. Alors nous révisions les départements, préfectures, chefs-lieux ou les pays selon les immatriculations des véhicules, comptions les camions innombrables !

En âge d'écrire, je notais tous les villages et villes que nous traversions. Les lignes droites aux lignes jaunes infranchissables, les méandres nauséeux du Morvan et les inévitables bouchons.

Nous pique-niquions sur des chemins de traverse et quand nous étions partis de bonne heure et avions eu une traversée sans encombre, nous pouvions nous arrêter déjeuner ou goûter au restaurant du Reygrobellet à SAINT GERMAIN DE JOUX, proche de NANTUA.

Nous y dégustions des quenelles à la sauce du même nom pour les adultes et jambon gratin ou purée pour les enfants.

Une pause très appréciée par tous car enfin malgré les nombreux virages montagneux et en particulier ceux des gorges d'ARLY, deux heures seulement nous séparaient du chalet où Angèle, bienveillante gardienne souriante, les mains sur les hanches nous attendait.

Eloigné de la vallée abritant le village et situé à mi pente de la montagne, le refuge familial était une bâtisse de granit au balcon circulaire de pin, couleur de brou de noix.

Bien que imposant et austère, il était synonyme de protection et son environnement de liberté.

Une vue à 360 degrés s'offrait à nous. Les montagnes aux courbes rondes devançaient celles aux sommets plus escarpés et découpés d'où le Mont Blanc se détachait sur fond de ciel bleu, de toute sa splendeur aux couleurs changeantes : montagne dorée au matin, blanc immaculé ou gris perle selon les ciels le soir, le spectacle rose scintillant au soleil couchant. Il était notre baromètre.

Enfin parvenus à destination, Angèle était là, fidèle. Elle avait préparé notre arrivée.

Nous n'avions plus qu'à retrouver nos marques, monter au dortoir grenier entièrement lambrissé, retrouver nos lits, ranger les valisettes de vacances en carton et s'étourdir des odeurs mêlées si particulières du bulgomme, du bois chaud, des cartons des décorations de noël, des skis fartés, des livres ou des bandes dessinées. Instinctivement nous inspections chaque pièce même jusqu' à la chaufferie.

Qu'y aurait-il de changé ?

Seule Angèle venait en notre absence. Tout était en place. Nous étions prêts pour les vacances.

Réveillés assez tôt, nous prenions le temps de savourer les petits pains frais mais chauds que nous apportait Angèle chaque matin.

Selon le temps nous partions à la piscine à la taille olympique de la Résidence. Immense hôtel comprenant également un bar pour les cocktails et orchestre dansant vers 17h, un terrain de volley, des terrains de tennis, un golf miniature, un espace de jeu, balançoires, une piste de curling, une patinoire d'été, un espace vert pour tous les nageurs et ou bronzeurs.

Mamiselle veillait sur nos apprentissages et nos progrès aquatiques que Loulou, notre professeur de natation, nous enseignait.

Quand les longueurs ou les plongeons étaient réussis, nous étions la plupart du temps, récompensés par une sucette au caramel Pierrot Gourmand que nous offrait Madame Antoine, responsable du vestiaire sans compter les médailles de la fédération de natation obtenues grâce à maintes longueurs et moults plongeons.

Les heures matinales passaient très vite et nous devions déjà rentrer pour le déjeuner.

Les après-midis étaient tout aussi rapides.

Après quelques moments de calme ou studieux, de devoirs de vacances, nous sortions vers la prairie fleurie en pente devant le chalet, goûter aux fleurs de trèfles, s'illuminer avec les boutons d'or, effeuiller les pâquerettes, attraper les criquets ou les papillons, se méfier des pattes acérées et dentelées des grosses sauterelles vertes et se laisser rouler dans l'herbe jusqu'en bas pour parfois se faire gronder un peu pour les taches de verdure aux genoux.

Au 15 août, une journée festive était organisée à la Résidence : tournois de tennis, de volley, concours de plongeon pour les jeunes premiers (jeunes garçons de 17 ans à 25 ans) et autres experts de natation, également pour les plus jeunes dont je faisais partie et c'est ainsi que je parcourais 1000 mètres, encouragée par un vacancier russe qui avait traversé la Volga.

Toute cette journée se terminait par un défilé de voitures, décapotables, sportives aux jantes brillantes conduites par leurs élégants chauffeurs accompagnés de jeunes et belles pin 'up, chapeautées ou non, aux tenues pimpantes en vogue avec leurs minuscules ou géants chiens toilettés ou bijoutés.

L'orchestre jouait. Les vacanciers et résidents semblaient heureux de profiter de leurs cocktails et du spectacle coloré et enjoué.

Rentrés au chalet, nous attendions le final nocturne qui nous permettait de nous coucher tardivement pour assister au feu d'artifice multicolore. Nous savions que le lendemain, le temps changerait.

Une odeur de pluie envahirait champs, prairies et montagnes. L'air serait plus frais, le soleil moins étincelant, signes et prémices de la rentrée prochaine.

La fin des vacances était là, alors nous partions, le cœur serré ou en larmes,

Angèle nous attendrait-elle ?

Reviendrions-nous ?

A la fin du premier trimestre scolaire, quand l'hiver arrivait, quand la neige avait métamorphosé le paysage et emmitouflé les habitants, nous retrouvions la joie de pouvoir profiter de notre havre de paix et de partage qui nous rassemblait le temps des vacances.

Les séjours d'hiver nous offraient la détente, les rires, les plaisirs de la luge, les batailles de boules de neige.

L'élaboration de bonshommes de neige farfelus, assez rapidement hélas prêts à fondre et des leçons de ski qui n'étaient pas toujours des plus plaisantes

Il s'avérait bien souvent que les longues spatules de bois effilées plus hautes une fois et demie que notre taille, s'acharnaient à ne pas rester en place sur nos clavicules endolories sous des vêtements à peine imperméables.

Il s'avérait aussi par temps neigeux que les fixations sous trente centimètres de poudreuse avaient la fâcheuse habitude de sauter.

Auquel cas, derrière des lunettes mouillées enneigées, les mains trempées et gelées, il fallait plonger pour retendre cet épouvantable ressort métallique et repartir tant bien que mal pour rattraper le groupe.

Les conversions étaient tout aussi épiques comme les péripéties des remontées en Mouillebiau[5] à la pente ardue ou en tire-fesses en T inversé pour parvenir aux dérapages sur le flanc Nord et glacé de Rochebrune.

Au-delà de tous les retours et des apprentissages éprouvants vinrent enfin la joie et la sensation de glisse fluide, libre.

A Noël, dans la douceur du chalet, entraînés par la musique rassembleuse, nous pouvions participer à la décoration de quelques pièces et du sapin sous l'œil expert et joyeux de maman.

Les épreuves d'enfants, d'adolescents, de jeunes adultes et de parents nous touchèrent tous.

Des années aux souvenirs heureux passèrent, entrecoupés de situation douloureuses et compliquées que la vie met toujours sur son chemin.

Quelques années plus tard, nous avions tous grandi, passé le cap des vacances scolaires, évolué dans nos nouveaux chemins de vie.

---

[5] Nom du téléski composé d'une perche avec une rondelle métallique qui servait d'assise. Il fallait bien se maintenir car la rondelle suivait le mouvement de la personne et cela pouvait entraîner des chutes.

Mes parents me proposent de les accompagner pour les fêtes de fin d'année rejoignant ainsi des amis proches et passer quelques jours d'hiver sous la neige.

Le chalet, source d'évasion, nous attendait.

Le chalet en été

Le chalet en hiver

La résidence

Grand-père

Angèle

MEGÈVE
1966
La piscine
1957
La piscine

MEGÈVE

Rencontre inattendue

Cette année-là, il neigea, il neigea beaucoup.

J'entends encore ce que disait la maxime de ma grand-mère paternelle Suzanne quand j'étais tristement seule : *« les choses se produisent quand on s'y attend le moins ma chérie ! »*.

Maman me le rappelait aussi.

Je n'y croyais pas jusqu' à cette rencontre inattendue.

Après le réveillon de fin d'année passée, en compagnie de mes parents et leurs amis de jeunesse : Andrée et Pierre, nous sommes allés à « la boîte de nuit » de l'hôtel Mégevan où nous déjeunions enfants.

Un homme jeune, visiblement pressé descendait l'escalier principal, remontant les manches de sa chemise blanche.

On l'appelait, visiblement en retard, pour le spectacle de play-back organisé à l'occasion de la venue d'un car de touristes italiens.

En allant prendre l'air, me confondant avec l'une de ces touristes, il me retint par le bras, s'exclamant *« micro, micro ! »,* craignant que je marche sur le câble électrique si précieux que j'avais vu !

Dans le clair-obscur du lieu, je ne le reconnus pas immédiatement.

Dans la petite salle pleine de monde, le spectacle triomphait et la soirée s'allongeait à l'heure tardive des slows.

Reconnaissant mes parents et sachant qui j'étais et avec leur permission, il m'invita à danser.

Parents et amis en profitèrent de rentrer alors au chalet.

Me prenant par la main, il m'entraîna sur la piste de danse où quelques couples virevoltaient encore.

Petit à petit, la piste se vida et nous, nous dansions, dansions, dansions hors du temps.

Nous fûmes les derniers à partir.

Jean Michel, dont je savais maintenant toute l'histoire de sa présence en cet hôtel me proposa de rejoindre des amis marseillais, fidèles eux aussi à ce lieu si emblématique.

Ils décidaient alors d'aller écouter quelques airs de jazz joués en live par tantôt un trio et tantôt un quartet de musiciens.

C'était la dernière soirée des vacances et nous la passions tous au Club des Cinq Rues pour, selon l'expression, finir la soirée.

Les amis marseillais rentrèrent à l'hôtel.

Était-ce le destin, le hasard, la conjonction de certains astres ?

Nous parlions, parlions, parlions tant et tant, seule la fermeture du lieu nous contraignit à quitter cet endroit chaleureux ;

A la fin de la nuit, sous la voûte claire encore étoilée du ciel des montagnes, nous remontions à pied, serrés l'un à l'autre, nos pas en rythme craquant sur la neige.

Nous nous étions réciproquement envoutés.

Quand nous nous quittâmes, nous nous étions fixés un rendez-vous pour le lendemain à 15 heures devant le salon de thé « la Sapinière ».

Nous passions simplement un après-midi ludique avec ses amis marseillais, jouant aux dés, 421 et au billard américain chez Celly, patron du bar restaurant « le Cintra ».

Jean Michel fit ses au revoir à ses amis. Nous pouvions à nouveau parler, parler, parler, parler encore…

Après le dîner de cette journée enjouée, il devait prendre le train pour rejoindre Paris et la reprise des cours, en deux CV brinquebalante sur les routes en lacets. L'un de ses amis nous a conduit à la gare puisqu'il « rentrait *chez lui, là-haut vers le brouillard* » et que je « *descendais dans le midi. Ils s'étaient trouvés. C'était leur jour de chance. Ils avaient cueilli le ciel aux creux de leurs mains comme on cueille la providence* » (passage d'une belle histoire de Michel FUGAIN-1972).

Quelques semaines plus tard, je remontais là-haut vers le brouillard.

A la fin de cette même année, juste mariés, nous retournions au chalet dans la neige, si accueillant, si réconfortant, si ressourçant pour y vivre nos heures de bonheur.

Nos heures de bonheur.

Nous les prolongions avec nos jeunes enfants allant jusqu' « au bout du monde » où la cascade se déversait dans un petit lit frais et clair de rivière aux gros cailloux luisant et scintillant partageant avec nos amis de succulents pique-niques alpestres.

Nous partions en quête de champignons, experts en camouflage dont Angèle nous avait transmis exceptionnellement leur repaire secret en traversant des champs réservés à des vaches musiciennes aux yeux interloqués qui ne nous attendaient pas.

De perles fragiles parfumées qui teintaient de bleu violet nos palets gourmands.

Nous cheminions vers des sommets au panorama spectaculaire sur les monts enneigés et les larges vallées dégagées aux villages miniaturisés.

Le temps passa à son rythme donnant lieu à ces brouillons de souvenirs si lointains et si forts indéfectiblement enracinés me régénérant pour un présent authentique et un indéniable et mystérieux futur.

Et vous, quel est votre cahier intemporel ?

Exercices de style avec les mots donnés de Pascaline

Prolongeant l'aventure de l'écriture du cahier de brouillon, Pascaline, bienveillante guide, me proposa quelques exercices de style.

Dans des enveloppes aux titres définis, des mots en vrac devaient retrouver leurs liens, dans un poème, un récit, un conte.

Les voici :

Exception faite pour le Paravent, inspiré par le nom de l'association « Le Paravent d'un Instant ».

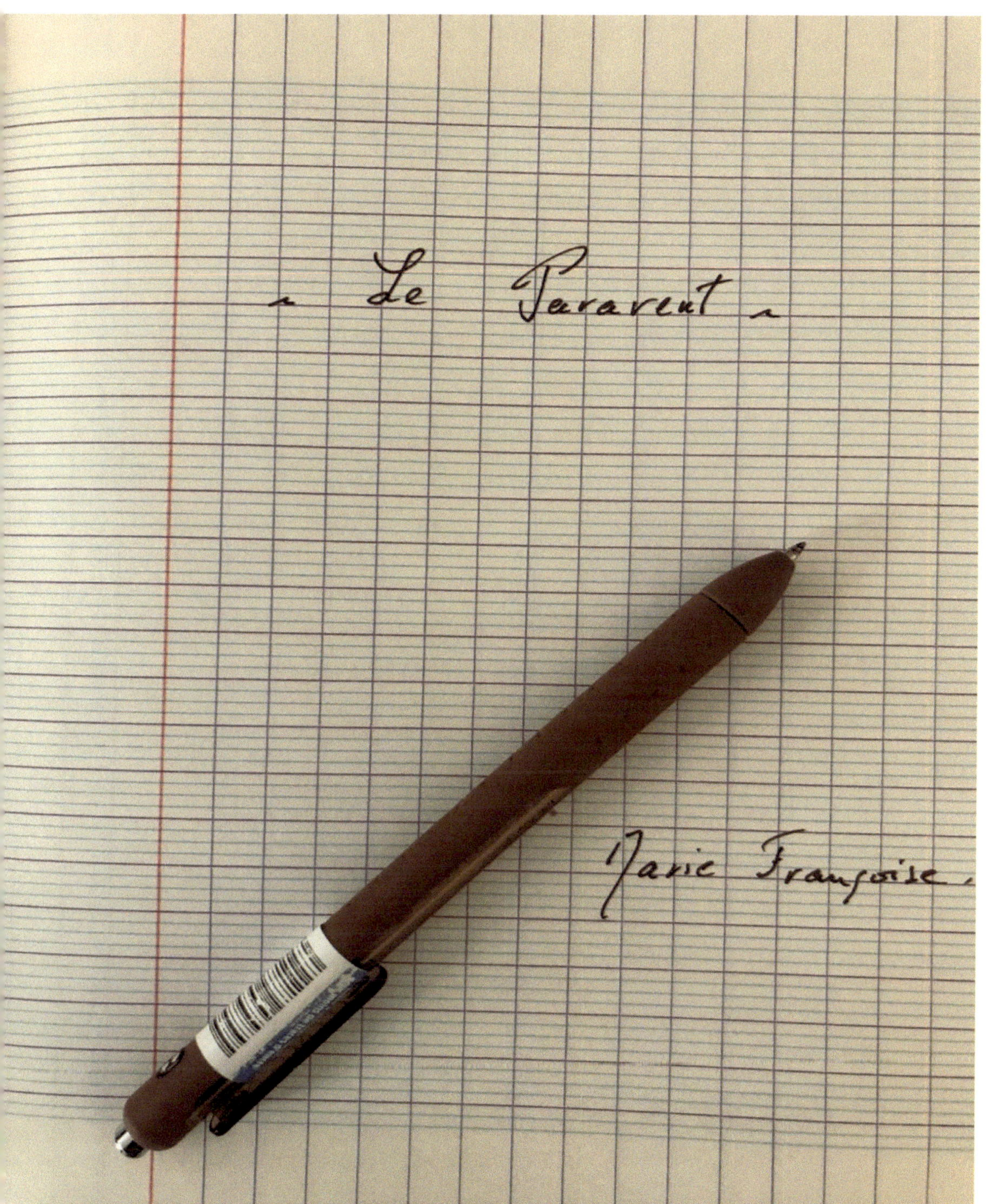
- Le Paravent -
Marie Françoise.

Le Paravent

Je peux être

Tel un escadron en chevrons d'oies
sauvages ou oies cendrées cacardant
pour le rassemblement au grand départ,
se relayant vers des contrées lointaines
ensoleillées et accueillantes

Une sentinelle de bois se dressant fièrement
retenant des ressacs et des vents violents
des grèves de sable impalpable.

Un muret de pierres posées par les mains des
hommes balisant les sentiers perdus et les
champs aux herbes envahissantes.

Une claustra pour les hommes d'affaires
intransigeants, les amants impatients et les
amoureux oubliant le temps dans les salles
de restaurant.

Un treillis au jardin verdoyant
accueillant des roses au parfum envoûtant
attirant mésanges et libellules aux couleurs
incandescentes

De bois ou de stuc sculpté, alvéolé
protégeant des regards malveillants,
diffusant l'air caressant, moucharabieh
je fais de l'ombre aux passants assoiffés

Shōji de bambou et papier de riz,
en glissant je filtre la lumière pour des
ombres passantes qui se dessinent.

Byōbu en cloisons laquées ou
calligraphiées offrant un espace serein pour les
geishas parées de soie pour célébrer le thé.

Une alcôve dans la chambre préservant
l'intimité des toilettes discrètes, coquettes et
charmantes.

Pour le respectueux silence, un simple
voile de coton blanc protégeant humblement
les âmes et les corps souffrants

Et fus hélas de monstrueuses enceintes
grillagées à barbelures concentrant une
humanité innocente dont les mains
décharnées s'accrochaient pour résister et
trouver un sens à cette existence, les yeux
éperdus désespérant d'une délivrance

Simple petit grillage au confessionnal où
j'écoute religieusement tous les péchés du
monde et laisse apercevoir furtivement
l'absolution du signe de croix du pardon.

Des bras accueillants de parents aimants
cajôlant et consolants les chagrins d'enfants.

Ici ou là-bas, irréel pour tous les rêves
et les voyages imaginaires ondulant dans le temps,
je suis le paravent d'un instant.

Les crayons de couleurs

En un temps révolu, loin de sa terre natale, dans un coin reculé et montagneux du monde, il était une fois un homme âgé, vivant seul et triste qui n'avait plus guère de joie depuis fort longtemps dans sa pauvre vie.

Le côtoiement aimable bienfaisant des habitants du village et l'environnement chatoyant ne comblaient pas son vide intérieur.

Les longs jours passaient moroses et monotones.

Un jour pourtant, son fils l'appela pour lui dire que de passage, il serait content de venir et passer quelques heures avec lui.

Surpris par un tel évènement, le vieil homme s'affaira toute la journée et resta presque éveillé toute la nuit.

Au petit matin, en sursaut, l'idée simple, limpide lui était venue : « une dernière fois, grimper ensemble sur le sentier qui mène au sommet de la montagne. De là-haut, je pourrais peindre ou colorier ce que je verrai pour garder une trace de ces instants uniques » se dit-il.

C'était assez facile en somme. Pourquoi tant de tracas ?

Alors dans un élan, il alla chercher au grenier les souvenirs d'antan. Dans un recoin, il trouva un carton contenant son vieux cahier de dessin noir au papier jauni et une boite cabossée renfermant ses crayons de couleurs, en petits bouts.

Avec soulagement, il prit sous le bras le précieux matériel et avec précaution descendit les marches usées par le temps.

Son fils devait arriver tout à l'heure. Il se précipita à la cuisine pour préparer un en-cas. « Quand il aura faim, comme moi d'ailleurs » pensa-t-il.

Il retrouva son sac à dos dont il ne se servait plus depuis de longues années et deux grands bâtons de marche sculptés.

Son fils était arrivé. « Mon fils est là ici avec moi ! ».

C'était un homme beau, grand, semblant très fort, ne ressemblant plus au petit garçon de sa propre jeunesse. Il savait bien sûr que lui aussi avait changé.

Il était fier et le lui dit. Tous deux, très émus, s'enlacèrent avec tendresse et partirent vers leur petite escapade.

Durant le parcours, le vieil homme, observateur, remarquait les détails du chemin, ses alentours, voyait se profiler son tableau.

Pour le ciel transparent ou profond, les bleuets, digitales gentianes et ancolies, une déclinaison de bleu.

Pour les nuages aux formes familières ou disparates, un mélange fondu de noir et blanc.

Un camaïeu de greige aux bruns chauds pour les cailloux et graviers.

Une palette du jaune à l'orange pour les boutons d'or, les primevères sauvages ou les fleurs de pissenlit et l'atmosphère douce du soleil.

Un dégradé de vert pour les champs humides et frais.

Des verts tendres pour les arbres de la forêt.

Des verts plus profonds et sombres pour les sapins aux longues branches oscillantes.

Père et fils profitaient de cette ascension, riaient, fredonnaient chacun leu trou ou en chœur une chanson de leur passé et parvinrent au sommet.

C'était leur moment et personne ne pourrait le leur voler pensa le vieil homme qui sortit de son sac ses effets de coloriages.

Il s'aperçut qu'il manquait le crayon rouge qu'il destinait aux coquelicots qu'il aimait tant.

Déçu, il essaya néanmoins de dessiner certains contours et ne put continuer. Il recommença et n'y arriva pas. Le temps se figea.

Les yeux fermés, il pensa : « 'il ne suffit pas de vouloir, mon tableau ne pourra ni ressembler ni être pareil à ce que je souhaitais faire. Il va falloir que j'accepte que ma main ne m'obéisse plus. ».

Tout son être était chargé d'émotions et des larmes de désappointement coulèrent.

Le vieil homme effaça discrètement son chagrin et rangea ses affaires devenues désormais inutiles.

Son fils le consola avec grande bienveillance. Le vieil homme réconforté, reconnaissant, remercia son fils de toutes ses attentions.

Tous deux, apaisés de cette pause ombrageuse, partagèrent la collation en écoutant les mélodies des oiseaux et des cascades, en observant le paysage grandiose qui s'offrait à eux.

Un arc-en-ciel se profilait à l'horizon.

En sentant les effluves de la terre moussue, des pommes de pins et des champignons, Ils redescendirent le cœur léger, emplis d'air frais et pur, jusqu'à la maison du père.

Le fils, contraint de rentrer chez lui au plus tôt, lui promettait de revenir.

Le vieil homme rentra seul chez lui, fatigué après cette intense excursion, s'assit confortablement dans son fauteuil défraîchi et pensa « mon fils reviendra ! ».

« Peu importe après tout si je n'ai pas pu peindre. Ce qui importe le plus est ce que je garde en moi : ces heures uniques auprès de mon fils tant chéri ».

À ces mots, il réalisa qu'il avait oublié qu'il pouvait encore remonter le temps pour se remémorer les joies colorées du passé.

Il se sentit libre de lui-même, heureux.

L'amour et l'espoir le guideraient vers des lendemains lumineux.

Paisiblement, il s'endormit. Le lendemain, il dessinait sur son cahier noir avec tous ses crayons de couleurs.

S'il y a une morale à ce conte, ce serait de dire que seul l'amour offre à la vie toutes les couleurs du bonheur quand il est partagé.

Dans cette histoire imaginaire, toutes ressemblances avec les personnages existants ou ayant existés, les lieux et les évènements est réelle ou fortuite. Liberté est donnée aux lecteurs de choisir quant à son interprétation.

Je suis l'ombre, la lumière
j'regarde le monde par le trou d'la serrure
Je suis la pluie
Et tout cela oser.
Dans l'intime du rêve
Je suis la fleur sous l'érable
avoir de la place pour nos racines
Je me le demande
Je l'ignore !
Et puis
Je suis comme je suis,
D'un seul mot, il suffit.
Je suis l'étoile qui brille dans la nuit.
J'aimerais partager mes erreurs,
Je suis l'espace infini
Et pour qui pour quoi je suis là
un peu de moi et beaucoup des autres

Je suis l'espace infini (version rap)

J'regarde par le trou d'la serrure

De mon aud'là que personne ne voit

D'là, j'vois les planètes, les astres et les étoiles, la lune et l'soleil.

J'vois la Terre qui tourne, elle perd la tête

J'vois des mers et des déserts

J'vois des montagnes et des plaines

J'vois des grandes villes et trop d'bidonvilles

J'règle ma lorgnette

J'vois des bêtes des hyènes et des tourterelles et les gens apparaissent

Y' a ceux qui vivent dans les hôtels et trop sur les poubelles

Y' a ceux qui s'baffrent et trop qu'ont la dalle

Y' a ceux qui font la fête et trop qu'ont d'la peine

Y a ceux qui sont bien portants et trop en souffrance

Y a ceux qui s'aiment et trop ont de la haine

La liste n'est pas finie.

D'un mot, il suffit d'dire : « C'est la vie ! »

C'est de l'ironie

Je l'ignore !

Je suis l'espace infini : (version classique)

J'regarde par le trou de la serrure de mon au-delà incommensurable et absolu

Ça brille

La minuscule planète bleue se révèle

S'éveille en tournant

Offrant ses eaux profondes vertes ou brunes

Ses lagons turquoise, ses terres découpées, plates arides et sèches

Ondulées, touffues et boisées

Montagneuses, escarpées, enneigées.

Ses habitants sont étranges

Bon nombre d'entre eux s'écharpillent

Ignorants l'essentiel

Refusant le bonheur.

Aimer ou haïr d'un seul mot il suffit de choisir

Que désirent-ils ?

Je l'ignore !

Je suis l'étoile qui brille dans la nuit

Invisible dans l'intime du rêve, des brouillards et des pénombres,

Je suis pourtant là

Je ne suis pas à portée de main

Et seul l'observateur assidu ou le rêveur pourra me trouver pour être guidée vers son chemin

Dès les ténèbres dévoilant les cieux limpides et noirs, j'apparais furtive et je file

Ses vœux ont-ils été exaucés ?

Je me le demande encore.

Dans l'obscurité, j'aimerai partager mes erreurs, mes tristesses et mes peurs

Mes blessures et mes déchirures

M'interrogeant et pour qui et pour quoi, je suis là

J'aimerai partager mes joies et mes infimes bonheurs de tout mon cœur

Indéfectibles indissociables, sources et symboles de vie.

Et tout cela oser humblement le dire et l'écrire : Je suis l'ombre et la lumière

Avec les miens et les autres, je fus autre
Et puis avec les miens et les autres,
J'ai été autre.
Ici et maintenant, avec les miens et les autres,
Jour après jour,
Avec un peu de moi et beaucoup des autres …
Je suis comme je suis

Violente et dévastatrice

Douce et bienfaitrice

Origine de toute vie

Et puis simplement

Pleurs de l'aurore

Ou perle de rosée sur une feuille de

rosier

Je suis l'eau du ciel

Je suis la pluie

Je suis la fleur sous l'érable

Sur un lopin de terre, nous avons assez de place pour nos racines si souvent malmenées ou écorchées.

C'est le printemps, ses bourgeons foisonnent timidement, je sors du sol.

C'est l'été, il déploie son grand et vert feuillage, je fleuris et m'épanouis.

C'est l'automne, il étale son manteau flamboyant en me couvrant de bienveillance.

C'est l'hiver maintenant, il a perdu son bel ombrage et je fane.

Enfrissonnée de rêves

Les dits de Rose

Dans un temps inconnu, dans un coin de campagne improbable, très âgée et très seule vivait Rose.

Elle passait tout son temps à s'occuper de sa ferme, de ses chèvres et de son jardin potager, complément de ressources aux maigres fins de mois.

Ne s'accordant que quelques minutes de répit, harassée, épuisée mais vivante, dès qu'elle le pouvait, elle s'asseyait alors sur sa chaise, se réchauffant de son café noir et elle s'emmitouflait dans son grand châle.

En regardant par la fenêtre, la tête reposant sur sa main, elle s'échappait vers ses rêves.

Elle aimait ces instants qui n'appartenaient qu'à elle seule et où pourtant toutes ses émotions inexprimables la faisaient frissonner touchant ainsi son esprit et son cœur.

Elle pensait : « À chaque instant, à chaque pas, errant dans mes songes, bien au-delà de mon temps, je suis là où ils pourraient être vrais… Je ne sais plus qui je suis. »

Elle frissonnait quand elle était écume, effaçant ses pas des rivages de sables dorés.

Elle frissonnait de joie en repensant à ce vieil homme édenté venu lui acheter des fromages, riant comme un gosse qui rit de ses facéties.

Elle frissonnait d'amour et de plaisir quand elle ressentait encore sur ses lèvres, la chaleur douce des tendres baisers de son mari. ,

Elle frissonnait de nostalgie quand elle revoyait son chemin de vie, ses proches éloignés ou disparus.

Mais dès qu'elle ressentait des frissons glaciaux, des frissons de peur, elle savait qu'il était temps de se remettre à la tâche.

Elle allait nourrir et prendre soin de ses chèvres, puis retrouver son jardin si précieux pour y semer les graines de ses rêves qui l'enfrissonneraient encore longtemps.

Je tourne en rond mais le ciel change : Kilomètres, kilogrammes. Écoute comme je chante

Je tourne en rond mais le soleil brille : Encres, ramettes, ratures gribouillis. Regarde comme j'écris.

Je tourne en rond, le soleil est parti : Les aiguilles cliquettent, mailles endroit, mailles envers. Regarde un snood pour l'hiver.

Je tourne en rond au ciel changeant : un, deux, trois, un, deux, trois, c'est un chacha, c'est une valse. Regarde comme je danse.

Je tourne en rond, le ciel est gris : dans un autre sens, puis dans l'autre à perdre la tête.

Dis-moi, où est la sortie ?

Qui suis-je ?

Mon nom est Marie Françoise Dède , surnommée enfant : *bichette, Mahi fassaze, Marie Framboise,Petite abeille, Soizic, Ma chérie, Ma cocotte* puis plus tard *Mademoiselle, Big sis, Marif, Madame* parfois *«ma p'tite dame", Chérie, Maman , Mamie, Madou,* née il y a fort longtemps un jour de printemps d'avril sous d'autres cieux ensoleillés et je vis en Touraine, jardin de la France.

Pour jongler encore avec les mots je choisirai le portrait chinois (qui signifie seulement sa complexité).

Si j'étais une fleur, je serai une marguerite ;

Si j'étais un sentiment, l'amour,

Si j'étais en deux mots, la tolérance et la gratitude.

Jouons-nous ?

Remerciements :

Je remercie avec une grande gratitude Pascaline DUCHEMIN-PINARD grâce à laquelle ce cahier de brouillon a pu être édité, ses conseils bienveillants, son écoute précieuse, ses connaissances et sa dextérité stratégique à manier l'ordinateur ont contribué à vivre une aventureuse et enrichissante expérience de vie.

Chères lectrices, chers lecteurs,

Si vous êtes parvenus à ces lignes, vous m'avez accompagné tout au long de ce chemin et votre présence fut très réconfortante.

Aussi du fond du cœur, je vous adresse un grand merci.

Le Lion et le Rat de Jean de la FONTAINE

Il faut, autant qu'on peut, obliger tout le monde :

On a souvent besoin d'un plus petit que soi.

De cette vérité deux Fables feront foi,

Tant la chose en preuves abonde.

Entre les pattes d'un Lion

Un Rat sortit de terre assez à l'étourdie.

Le Roi des animaux, en cette occasion,

Montra ce qu'il était, et lui donna la vie.

Ce bienfait ne fut pas perdu.

Quelqu'un aurait-il jamais cru

Qu'un Lion d'un Rat eût affaire ?

Cependant il advint qu'au sortir des forêts

Ce Lion fut pris dans des rets,

Dont ses rugissements ne le purent défaire.

Sire Rat accourut, et fit tant par ses dents

Qu'une maille rongée emporta tout l'ouvrage.

Patience et longueur de temps

Font plus que force ni que rage.

TABLE DE MULTIPLICATION

2 fois	1 font	2		5 fois	1 font	5		8 fois	1 font	8		11 fois	1 font	11
2	2	4		5	2	10		8	2	16		11	2	22
2	3	6		5	3	15		8	3	24		11	3	33
2	4	8		5	4	20		8	4	32		11	4	44
2	5	10		5	5	25		8	5	40		11	5	55
2	6	12		5	6	30		8	6	48		11	6	66
2	7	14		5	7	35		8	7	56		11	7	77
2	8	16		5	8	40		8	8	64		11	8	88
2	9	18		5	9	45		8	9	72		11	9	99
2	10	20		5	10	50		8	10	80		11	10	110
2	11	22		5	11	55		8	11	88		11	11	121
2	12	24		5	12	60		8	12	96		11	12	132

3 fois	1 font	3		6 fois	1 font	6		9 fois	1 font	9		12 fois	1 font	12
3	2	6		6	2	12		9	2	18		12	2	24
3	3	9		6	3	18		9	3	27		12	3	36
3	4	12		6	4	24		9	4	36		12	4	48
3	5	15		6	5	30		9	5	45		12	5	60
3	6	18		6	6	36		9	6	54		12	6	72
3	7	21		6	7	42		9	7	63		12	7	84
3	8	24		6	8	48		9	8	72		12	8	96
3	9	27		6	9	54		9	9	81		12	9	108
3	10	30		6	10	60		9	10	90		12	10	120
3	11	33		6	11	66		9	11	99		12	11	132
3	12	36		6	12	72		9	12	108		12	12	144

4 fois	1 font	4		7 fois	1 font	7		10 fois	1 font	10
4	2	8		7	2	14		10	2	20
4	3	12		7	3	21		10	3	30
4	4	16		7	4	28		10	4	40
4	5	20		7	5	35		10	5	50
4	6	24		7	6	42		10	6	60
4	7	28		7	7	49		10	7	70
4	8	32		7	8	56		10	8	80
4	9	36		7	9	63		10	9	90
4	10	40		7	10	70		10	10	100
4	11	44		7	11	77		10	11	110
4	12	48		7	12	84		10	12	120

Division du Temps

Siècle.	100 Ans
Année.	365 Jours
Jour.	24 Heures.
Heure.	60 Minutes
Minute.	60 Secondes
Seconde.	60 Tierces

Signes Abréviatifs Employés en Arithmétique

Plus + Moins — Multiplié par × Divisé par : Egale = Comme : :

Chiffres Romains

I	II	III	IV	V	VI	VII	VIII	IX	X	L	C	M
1	2	3	4	5	6	7	8	9	10	50	100	1000

Édition : BoD · Books on Demand,
31 avenue Saint-Rémy, 57600 Forbach, bod@bod.fr
Impression : Libri Plureos GmbH,
Friedensallee 273, 22763 Hamburg (Allemagne)
ISBN : 978-2-3225-4409-7
Dépôt légal : Décembre 2024